L'EUROPE CONQUISE

AVEC

UNE PLUME ET DU COTON.

L'EUROPE CONQUISE

AVEC

UNE PLUME ET DU COTON.

Quelques écrivains, avec des talens incontestables, mais très-peu de bonne foi, se complaisent à éterniser des souvenirs douloureux : ils cherchent à fixer nos regards sur les détails d'une révolution dont leur plume infidelle appréhenderait de tracer les causes ; et tandis que par une hypocrite réticence ils se taisent sur les fautes impardonnables qui produisirent des crimes imprévus, une colonie d'insulaires prépare une autre révolution qui, pour être moins sensible, n'en sera pas moins remarquable, puisqu'elle menace toutes les sociétés de la plus funeste destinée.

Pourquoi ses ravages et ses complots ont-ils échappé, jusqu'à ce moment, aux nombreux historiens des dix dernières années de ce siècle ? C'est que tout l'acquit de nos soi-disant moralistes, de nos brillans dissertateurs, ne vaut pas celui d'un chef de comptoir. La tête méthodique d'un négociant enfante des idées d'une clarté, d'une étendue qui mériterait à tout autre personnage le titre superbe de savant. Celui-ci qui aspire plus à l'argent qu'à la célébrité, ne cherchant point la louange qui fait discourir, mais le profit qui engage à la discrétion, rédige dans le silence du cabinet des plans qui prouvent la perfide supériorité de ses connaissances sur presque tous les autres genres d'instruction. L'Angleterre est ce négociant même. Je vais montrer, par aperçu, le changement rigoureux que ce despote calculateur doit opérer sur les hommes et les choses avant que deux lustres se soient écoulés.

La part au numéraire se mesure moins aujourd'hui sur l'étendue et la fécondité du sol que sur les progrès de l'industrie ;

Elle seule fait les propriétaires de l'argent, les propriétaires de l'argent e sont nécessairement des denrées. Par la ordide impudence des Anglais, dégénér depuis Guillaume III en juifs navigateurs, gouvernail qui sillonne les mers promet n plus au pilote spéculateur, que l'antiqu charrue au modeste habitant des campagnes. C'est un grand malheur que le commerce ait osé s'anoblir par le développement formidable de la marine, et qu'il se pare journellement de l'éclat de ses victoires !

L'espèce humaine, ayant atteint à peu près en Europe le dernier période des vices et commis tous les excès, ne trouvant point de sauve-garde dans les institutions confuses des gouvernemens décrépits, s'est vue abandonnée aux trames financières de l'avarice toujours adroite : ses passions ardentes, ses besoins factices devenus plus pressans que ses besoins réels, son éloignement pour tout ce qui s'appelle devoirs, en auront fait, sans qu'elle s'en soit aperçue, l'esclave la plus soumise, la tributrice la plus exacte de la monarchie ouvrière qui médite sa ruine. Tel est, sans exagération, l'état de vertige et de dépérissement dans lequel l'Angleterre surprit, dès il y a long-tems, les souverains et les peuples. Elle sentit alors que le commerce devait être exclusivement sa science politique ; elle jugea que par lui elle obtiendrait le gouvernement du monde. Tous les ministères, absorbés par de grandes prétentions et de petits projets, ne soupçonnèrent ni l'importance de cette vaste conception, ni l'opprobre, ni les dangers auxquels elle les exposait. C'est peut-être ici la place d'une observation qui me semble très-caractéristique. Louis XIV, se plaçant si arbitrairement au-dessus de toutes les lois, et si justement au dessus de tous les hommes, révolta ses contemporains par son faste et son ambition. Le despotique orgueil de ses ministres fut sur le point de consommer la perte de la France ; mais, qui n'en conviendra, le règne de ce monarque eut une dignité à jamais célèbre. A mesure qu'il étendait ses conquêtes il faisait briller les arts, (1) et enflammait les peuples de ces sentimens d'honneur et de gloire, dont les seuls Français peut être offrent encore aujourd'hui les traces. La politique des Anglais au contraire, a dégradé les nations ; elle porte la soif de l'or dans tous les cœurs; elle arrache l'homme à l'heureux empire de la terre, qui, sans doute, en a plus sur lui qu'il n'en a sur elle. Cette politique, qui a pour tout élément la cupidité, diminue les qualités brillantes ; elle affaiblit ces généreux principes de désintéressement qui forment les grandes ames, les rend capables de sacrifices sans lesquels il n'y a point de vertus. Pourquoi sont-ils armés ces héros marchands ? Pourquoi leur canon se fait-il entendre depuis l'Indostan jusqu'au Mexique ? Ce n'est point pour conserver les terres ensemencées, l'héritage

---

(1) Pendant que Turenne remportait de grandes victoires, que Vauban exécutait ses beaux plans de fortification, et que Racine égalait Sophocle, Colbert fondait, pour ainsi dire, le commerce si renommé de la ville de Lyon, et préparait le beau développement de ses manufactures.

agreste de leurs pères : c'est pour acquérir le privilège exclusif de vendre et de faire le roulage sur toutes les mers. L'esprit de leur gouvernement est d'étendre le commerce chez eux, et par un égoïsme barbare, de le restreindre chez les autres. On va voir à l'instant que la morale d'une nation simplement commerçante, ne peut être celle d'une nation qui ne l'est pas, et quelle glorieuse différence il doit y avoir entre leurs qualités et leur bonne foi.

Les lumières et l'activité de l'Angleterre dans cette partie, qui n'est qu'accessoire de l'administration de tous les grands états, mais unique et fondamentale de la sienne, seront la cause secrète des agitations et de l'épuisement des principaux empires. Ne pouvant asservir par les armes ces Européens qu'elle regarde comme des nègres blancs, elle les soumettra par un redoutable ascendant, le monopole et l'ingénieux mécanisme de ses fabriques.

A l'aide du levier magique des finances, de son crédit, si l'on veut artificiel, mais prépondérant, ce cabinet dirige à volonté la circulation des espèces. Son influence est due au jeu continuel des vastes opérations que lui seul peut entamer, à ses relations rapides et presque générales avec tous les points importans des quatre parties du Monde. Elle est due à ces dépôts énormes d'argent que font à la banque les capitalistes suisses, hollandais et vénitiens, des princes de l'Empire, des princes de l'Eglise, des ministres en réputation. C'est ainsi que de tous les pays on ajoute à son numéraire effectif et au crédit national; le parti de l'opposition même le fortifie. Ses chefs les plus vantés ont toute leur fortune dans les mains du gouvernement. Ne recevant point sa vigueur de l'agriculture qui fait germer les vertus et la paix, mais de l'industrie et du commerce qui font germer la fraude et l'immoralité, il s'étaie constamment de ces deux bases qui lui donnent l'avantage de tout posséder, sans paraître rien envahir. La société n'a jamais été attaquée avec plus d'art, ni avec des moyens aussi sûrs et aussi nouveaux. Tout est devenu marchandise aux yeux de cette monarchie marchande. Ses ministres trafiqueurs traitent des hommes et des affaires sous le rapport du commerce ; la guerre même n'est pour eux qu'une opération fiscale. Ils font pour le Continent de véritables cargaisons d'hommes, après avoir calculé les bénéfices qu'ils peuvent retirer de chaque envoi ; ils ont dans les cours des commis-voyageurs pour passer des marchés de soldats ; ils achètent un gouvernement ; ils paient une expédition comme un baril de gingembre ou de café, ayant toujours l'arithmétique à la main. Voilà comme, avec la puissance des écus, que renouvelle sans cesse leur application usurière, ils se moquent de la puissance de la force qui perd toujours par le tems et l'action. Ceux qui approfondissent peu, m'objecteront que cette nation doit succomber sous ses impôts et sa dette. C'est un argument qui, depuis trente années, est dans toutes les bouches, auquel je répondrai brièvement, parce qu'il est reconnu faux par les meilleures têtes. Je mets en principe que ses impôts attestent son opulence et sa force. Le gouvernement, toujours solidaire avec le peuple, ne les multiplie qu'à proportion qu'il s'enrichit et conquiert : donc qu'ils ne sont point une charge. Et parlerai-je de ces capitaux nombreux, distraits exactement de chaque impôt prélevé, qui, se versant dans la caisse d'amortissement, vont jouer dans les fonds publics avec un avantage qu'ils doivent à leur supériorité ! Mais entrons dans d'autres détails.

Le mécanisme des fabriques a eu pour but de simplifier la main-d'œuvre. La nécessité clairvoyante fut la mère de ces inventions miraculeuses. Dans un pays où la population peu considérable est, en grande partie, enlevée au sol pour aller parcourir les mers et faire des esclaves jusqu'aux antipodes de Londres, on s'occupa sans cesse de balancer la puissance du nombre que présentaient les grands états avec lesquels on voulait se mesurer. Dix hommes firent tout-à-coup ce que mille font à peine ailleurs. L'Angleterre fut extrêmement énorgueillie de cette découverte ; mais l'avarice circonspecte lui

A 7

défendit de publier tous les avantages qu'elle en retirait. L'impossibilité pour la France et l'Allemagne d'employer le même procédé ne vient pas de la sévère attention avec laquelle, à Londres, à Manchester, etc., on défend l'examen de ces belles machines à filature : des artistes étrangers en auraient bientôt découvert les mouvemens ; mais le service de ce brillant esclave ne pourrait qu'être fatal aux villes et aux campagnes populeuses des deux états que je viens de nommer. Sa prérogative est de raréfier le travail dont tant de bras, jusqu'à présent, demandent l'extension chez eux. De semblables établissemens exciteraient le murmure et le plus juste désespoir dans la classe indigente. Après avoir fait la conquête de ces ouvriers actifs, quoiqu'inanimés, de ces automates laborieux qui n'exigent aucun salaire, la Grande-Bretagne s'est vue plus en état qu'aucune autre nation d'entretenir, à peu de frais, un grand nombre de manufactures, d'en faire sortir l'ouvrage plus rapidement, en plus grande quantité, de le livrer à un moindre prix. Une fois enrichie de la simplicité de la main-d'œuvre, elle acapara soigneusement les matières premières, élémens souverains de toutes les branches de négoce. Pour y parvenir, elle souhaita la guerre; elle la fomenta, et tandis que le Français magnanime chante, se bat et conquiert, que les sobres et bons Allemands se laissent conduire à d'inutiles combats, que les Russes, (1) au lieu de peupler leurs régions inhabitées, vont courageusement à la mort, pour servir les projets destructeurs d'une puissance qui bientôt les humiliera, l'Angleterre s'assujétit tous les moyens d'opulence et d'industrie. Les mouvemens de ces nations aveugles, leurs sanglans débats ne peuvent avoir d'heureuse issue que pour elle.

Mais aussi riche que soit l'Angleterre, me dira-t-on, aussi puissante que soit sa marine, elle ne manque pas moins de quelques articles essentiels à son propre usage,

---

(1) Cet ouvrage a été écrit peu de tems après la bataille de Marengo.

A 8

tels que les laines d'Espagne, les cordages, les voiles, les mâtures de la Russie. Cette privation la tient dans une sorte de dépendance envers les autres pays; elle l'oblige à entretenir une sorte d'équilibre en Europe. Quel raisonnement! grand Dieu! je l'ai déja soutenu et je le soutiens encore : celui qui a l'industrie, a le numéraire, et il fait toujours la loi. Le cabinet de Saint James est financier et commerçant à la fois. Que de moyens n'a-t-il pas pour forcer à l'achat et à la vente tour-à-tour! Anatomiste politique et cruel, il connaît le tempérament des états, il connaît l'instant de leur plénitude et de leurs besoins ; il les oblige à prendre ou à rendre à son gré, et ne leur laisse de fluide métallique que pour leur stricte subsistance. Les subsides même qu'il donne, il sait les faire rentrer aussitôt. C'est ainsi que dans les jeux de la physique, on accorde et retire l'air au pauvre animal qu'on a placé sous la machine pneumatique. Il faut rendre ceci plus sensible. Que deviennent les laines des Espagnols, privés de la navigation comme dans ce moment? la surabondance n'en appartient-elle pas à l'Angleterre, qui seule en fixe le prix, la paie et la transporte ouvragée dans l'étranger ? Pour la Russie, que ferait-elle avec ses modiques revenus et ses grandes charges, si, par quelque cause que ce soit, les tyrans des mers cessaient d'acheter leur bois de sapin et de mélèze, et ne consommaient que des chênes de l'Amérique beaucoup plus à leur convenance pendant six mois de l'année ? Cette vente, je le sais, est un revenu très-considérable pour les Russes; mais les déboursés sont insignifians pour les Anglais, qui les recouvrent bientôt sur tous les objets manufacturés dont ils font regorger Pétersbourg et Moscow. D'ailleurs n'ont-ils pas des chantiers abondamment pourvus, des magasins considérables de goudron et de chanvre, pour entreprendre, pendant quelques années même, une guerre générale, sans pouvoir être maîtrisés par le besoin ? Qui ne sait pas encore que parmi ces grandes entraves des guerres, la fraude est plus entreprenante, et que souvent un allié lui donne secrètement une extension qui surpasse en revenu le rapport d'un commerce libre! Mais il ne faut pas s'abuser : aujourd'hui que les États-Unis font leur commerce directement avec l'Angleterre, que de toutes les parties du Nouveau Monde les exportations ne se font réellement que par elle, ou par sa permission, si elle avait une guerre générale à soutenir, qui, par exemple, fournirait à la Prusse les soixante millions tournois de café qu'elle consomme? Qui alimenterait de ce fruit brûlant et destructeur de l'homme, tous les pays qui sont entre la mer Noire et l'Océan, entre la Baltique et la Méditerranée? Le pauvre genre humain ressemble si fort maintenant à Gulliver, que les Lilliputiens avaient assujéti par un assemblage de mille petits liens! Le seul bénéfice que les Anglais font sur les cotons dans un an, peut les indemniser des dépenses extraordinaires de ce même laps de tems. D'après ce fait, qui de M. Pitt ou du Continent solde les puissances qui font la guerre à la republique? Je pourrais m'étendre sur cet effrayant résultat, mais il est des vérités qu'il ne faut pas mettre à la portée du général des hommes : je serai compris par ceux qui sont à la tête des gouvernemens divers ; mon apostolat est rempli.

La Grande-Bretagne, attirant ainsi tout à elle, voyons avec quelle inhumaine dextérité elle fait usage de l'or qu'elle pompe sans cesse. L'Europe veut-elle se pacifier ? ses ministres offrent, doublent leurs subsides corrupteurs, et accrochent aussitôt le misérable rouage politique des cours. Alors ils promènent de nouveau les combats et la mort sur les contrées qui brillent déja trop à leurs yeux par leur industrie. Ce fut avec des soins combinés qu'ils entretinrent la guerre de la Vendée, parce que de nombreux travailleurs, arrachés à leurs métiers, se trouvaient insensiblement dévorés par les armes. De semblables ravages s'étendant aux ci-devant provinces de Bretagne et de Normandie, ils détruisaient les toileries et les autres établissemens dont ces pays abondent, et se promettaient ainsi d'acroître le commerce de l'Irlande, qui est absolument le même. Il est aisé de comprendre que lorsque les factoreries de ce genre ont dépéri, elles ne peuvent se relever qu'avec une extrême lenteur ; car l'ouvrier doit être formé dès l'enfance ; ses mains n'acquièrent que par l'âge une agilité nécessaire pour manier la navette. Les pieds n'ont point tout-à-coup ce tact qui fait mouvoir la partie mécanique avec un certain degré de force au delà et en deçà duquel le corps de l'ouvrage est plus ou moins serré, et d'où dépendent sa beauté, sa durée.

C'est par cette raison que le cabinet de Saint James se complut à fixer de longs troubles dans la cité commerçante de Lyon. Qui ne se souvient que pendant et après le siège de Valenciennes, les troupes du duc d'Yorck, par une barbarie spéculative, allaient incendier les magasins, les ateliers de filature d'où sortent ces tissus magnifiques dont aucune étoffe de l'Inde n'a encore pu égaler la finesse ? On peut le prédire avec certitude : les divisions que l'Angleterre aura soin de maintenir chez les Suisses, ne leur permettront pas de voir refleurir sitôt les manufactures de Saint Gal et de l'Appenzel.

Cette année même, pendant que l'Autriche consumait scrupuleusement ses armées sur le Danube et dans la plaine de Marengo, pour mériter les funestes présens des Grecs de la Tamise, ceux-ci portaient le coup le plus terrible aux fabriques des états héréditaires, en y introduisant en fraude les mêmes marchandises à quarante pour cent meilleur marché. Peut-être le tems n'est-il pas éloigné que transportant adroitement le théâtre des combats, ils se serviront de quelque souverain dont ils se diront les alliés, ou de tout autre prétexte, pour anéantir le commerce naissant et déjà si lucratif de la Silésie, ou celui de la Saxe prudente.

Il serait digne d'un littérateur politique, de révéler les manœuvres sourdes et si bien conduites de ce gouvernement, de dire jusqu'à quel point est porté sa science des détails, dans toutes les entreprises commerciales, son intelligence du systême monétaire; de le représenter, n'ambitionnant, malgré ses écussons, que le titre de négociant, et se donnant dans l'Univers le même poids que celui du banquier le plus riche, dans une place considérable. Lorsque M. Pitt projeta la descente de Hollande, en 1799, il orna son opération d'un texte chevaleresque, pour mieux séduire l'empereur de Russie; mais en courant une chance qui, de quelque manière qu'elle tournât, devait affaiblir davantage encore les ressources des Bataves, et faire une diversion en faveur des Autrichiens, il voulait principalement s'emparer de la flotte du Texel, et interrompre les relations directes de l'Amérique septentrionale avec Hambourg, en compromettant la sûreté de cette ville aux yeux des expéditeurs de Neuw-Yorck, Boston, etc. En effet, l'apparition des armées Anglo-Russes, dans la mer du Nord, consterna aussitôt les Américains; des préposés adroits achevèrent de les ébranler, et leur insinuèrent de travailler directement avec Londres, dont on leur vantait la solidité immuable. Le bruit de la descente mit le comble à leur effroi: pendant ce tems-là, Hambourg regorgeant de marchandises qu'il ne pouvait faire écouler, et pressé par les demandes en recouvrement des propriétaires étrangers, étonna toutes les places par ses banqueroutes accumulées. Le progrès en fut arrêté par l'Angleterre même, lorsque la réussite infernale eut couronné la trame politique. Depuis cette époque, les États-Unis envoient leurs cargaisons dans les ports anglais.

Pour prouver que les dispositions de cette puissance sont entendues, avec un art qui ne consiste pas dans une folle présomption, qu'elle lance un regard perçant et rapide sur tous les points du globe, et est seule prompte à saisir ces bénéfices éventuels, qu'offrent souvent les révolutions de la guerre, je citerai le fait suivant. Tandis qu'avec une vivacité difficile à croire, l'infatigable Bonaparte conquérait la Haute et Basse-Égypte, le ministre jugea que la présence des armées françaises entraverait le commerce de la Porte. En effet, quelque sécurité que promît le général attentif, l'allarme n'en fut pas moins telle, que les caravanes qui apportent, à travers de longs déserts, les gommes de l'Arabie, les cafés parfumés d'Yemen et de Moka, diminuèrent en nombre et en chargement. Les Anglais, profitant de ce moment, ravitaillèrent Constantinople de ces productions de première nécessité dans l'Empire : elles y sont encore si rares aujourd'hui, qu'ils vendaient dernièrement aux Turcs, leurs cafés de la Martinique, 18 louis le quintal.

Mais est-ce donc une question si étrange de se demander, que fait l'Europe à l'Angleterre ? C'est une espèce de dogue qu'elle redoutait, que bientôt elle a mis à la chaîne, et lâche dans les combats. On peut assurer qu'elle ne dépense pas un vingtième des marchandises, en toutes qualités, qui sortent de cette grande boutique de l'Univers. Je sais que les Français inconséquens, malgré de sages lois prohibitives, s'obstinent à en faire venir, à y aller même chercher des piqués, basins, kalicots, et tout ce qui s'appelle cotonnades. Je sais que les foires de Leipsick, et des deux villes de Francfort, sont des marchés considérables remplis de tout ce qu'y envoie cette Tyr moderne, et exploités par les Allemands et les Russes. Quoi qu'il en soit de ce prodigieux débit, les autres Nations n'ont-elles pas des besoins aussi étendus, auxquels les Anglais pourvoient exclusivement ? Qui peut aujourd'hui faire les échanges des richesses du monde ? Qui désormais, avec plus d'art, se glissera dans l'intérieur de la Chine, et saura mieux jouir, par usurpation, de la bassesse lucrative dont les Hollandais s'honorèrent longtems au Japon ? Ah ! sans doute, ce sont ceux qui savent forcer à la consommation les nomades stupides et nombreuses, qui bordent l'Afrique depuis Tunis, Alger, le royaume de Féez jusqu'au Sénégal; celles de la mer Rouge, en commençant depuis l'Abyssinie, le détroit de Babel-Mandel jusqu'à l'Égypte ; ce sont ceux qui, maintenant sans concurrens, fournissent des draps à toute l'Amérique septentrionale ; ce sont ceux qui méditent d'empêcher, sous peu de tems, les états européens de communiquer librement avec le Nouveau Monde, comme ils les ont déja séparés de l'Asie ; ce sont ceux qui, devenus les seuls maîtres de l'Inde, font naviguer continuellement quatre ou cinq mille vaisseaux des rives opulentes et soumises de Bombay à Chandernagor, et vont, jusqu'à l'extrémité du golfe, porter aux peuples qui couvrent le sol de la Perse, des récoltes en tout genre, des ouvrages manufacturés de toutes qualités, principalement en clincaillerie. A l'aspect de cette prépondérance actuelle, ne croirait-on pas que les différens gouvernemens, surtout les monarchies, ne sont que des provinces dépendantes des Anglais ? Possesseurs effectifs des mines du Brésil, elles ne sont qu'une propriété dérisoire pour les rois de Portugal. Les Espagnols, bloqués dans leurs ports, contemplant d'un œil attristé, les bords lointains du Mexique, ne peuvent pas seulement disposer de leurs riches magasins de la Havanne ; bientôt les Danois n'oseront, qu'en tremblant, faire voguer leurs paisibles vaisseaux vers l'île de Saint Thomas ; les Suédois courageux n'auront pas une condition moins précaire ; ces braves Russes qui tant de fois en imposèrent aux Persans et aux Turcs, seront comprimés dans leurs immenses déserts, aussitôt que leur développement et leur industrie se feront plus remarquer. Alors, après s'être jouée de la loyauté de leur souverain, la Grande-Bretagne ambitieuse remplacera, par quarante vaisseaux de guerre, les sentinelles de glace, posées six mois de l'année par la nature, au passage du Sonde, tandis qu'avec un nombre semblable, elle fermera le détroit des Dardanelles, si les Turcs le lui laissaient ouvert. Dominatrice des vastes régions qui sont entre le golfe de l'Inde et celui du Bengal, voyez-la exercer aux armes et enrégimenter les peuples bronzés qui les habitent : opération hardie à laquelle se refusa le gouvernement français, quand il était maître de Pondichéry. Voyez le roi et la compagnie, ce qui est à peu près la même chose, y former déja un grand nombre de matelots, y préparer des chantiers, d'où sortira tout-à-coup une marine non moins redoutable que celle qu'ils ont en Europe. Voyez les sujets de Tipo, réunis aux trente millions de sujets qu'ils avaient déja, entraîner au profit de leurs nouveaux maîtres, une défection parmi les Najabbs, qui se ralliaient toujours au prince qui défendit vainement les remparts de Séringapatham. Par leur travail et leur soumission, ces autres Ilotes ajouteront encore aux richesses innombrables de leurs vainqueurs, les trésors, les ressources de leur pays, et des contrées voisines. Grand Dieu, sur quelle large enclume elle s'est laissée placer, cette Europe superbe et si humiliée, et quel pesant marteau est levé sur elle !

Comment les quatre ou cinq puissances, qui se partagent cette belle partie du monde, ne voient-elles pas que, par l'escamotage le plus adroit, mais le plus outrageant, elles sont réellement passées sous le joug de ce peuple de marchands ? Comment la soumission dégradante de quelques souverains se trouve-t-elle compatir avec leur hauteur ? C'est que l'or corrompt les têtes comme les cœurs, et qu'avec des lingots, cette nation dispose de toutes les lumières comme de tous les sentimens. Quelle honte pour le siècle, pour des hommes qui prétendent à l'élévation ! L'or seul a vaincu les rois les plus altiers, et leurs sujets exercés aux combats et faits pour la gloire. Se montrant avec les titres d'une féodalité bien plus avilissante que celle qui tomba jadis des monts glacés du Nord, et asservit nos pères, l'Anglais est parvenu à attacher à sa glèbe horrible les peuples doux et polis du Continent; il se sert de leurs bras pour le couvrir d'ossemens et de débris, jusqu'à ce que sa surface ne lui présente plus de sociétés trop redoutables, d'établissemens trop multipliés et trop actifs.

Les Européens seront donc redevables au commerce d'un asservissement sans exemple, dont l'avenir augmentera encore la flétrissure. Ils recevront cette existence dégradante, non d'un vainqueur courageux; ils n'auront pas même l'honneur d'avoir été conquis par la bravoure et les exploits; ils ne deviendront pas les respectables victimes d'une de ces grandes excursions de peuples aguerris et féroces qui soumettent quelquefois des nations entières; mais une poignée d'insulaires, retranchés dans des comptoirs, leur auront enlevé leurs richesses et leur ancienne renommée. Ce n'est point un autre Gengischam qui leur aura fait la loi, le sabre à la main, *c'est M. Pitt avec une plume, un fil de coton à la sienne.*

Je paraîtrais présomptueux, et je serais indiscret, si j'indiquais les moyens de triompher de ces cyclopes de douanes. Je conçois la possibilité d'une pareille entreprise, mais le génie et la valeur sauront bien trouver des armes propres à combattre l'ennemi des nations. Quelles ressources, quel dévouement ne doit-on pas attendre des idées conservatrices du premier magistrat de la république, de sa bravoure, des lumières de tant d'hommes d'état et de celles de tant de généraux consommés !

De l'Imprimerie de CH. FR. CRAMER, rue des Bons-Enfans, n°. 12.

www.ingramcontent.com/pod-product-compliance
Lightning Source LLC
Chambersburg PA
CBHW060920050426
42453CB00010B/1834